Best of Piano Duets 1

20 Original Pieces for Piano Duet

20 Originalstücke für Klavier zu vier Händen

20 pièces originales pour piano à quatre mains

(easy to intermediate / leicht bis mittelschwer / facile à difficulté moyenne)

Edited by / Herausgegeben von / Edité par
Hans-Günter Heumann

ED 23582
ISMN 979-0-001-21581-7
ISBN 978-3-7957-2583-9

www.schott-music.com

Mainz · London · Madrid · Paris · New York · Tokyo · Beijing
© 2022 Schott Music GmbH & Co. KG, Mainz · Printed in Germany

Inhalt / Contents / Contenu

Secondo
Tempo di Menuetto

Joseph Haydn
(1732–1809)

aus / from / de: Il Meastro e lo Scolare, Hob. XVIIa:1

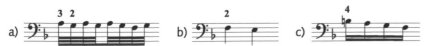

Primo
Tempo di Menuetto

Joseph Haydn
(1732–1809)

aus / from / de: Il Meastro e lo Scolare, Hob. XVIIa:1

Rondo

Johann Christian Bach
(1735–1782)

aus / from / de: Sonate F-Dur / Sonata F major / Sonate Fa majeur, op. 18/6,
2. Satz / 2nd movement / 2ème mouvement

Rondo

Johann Christian Bach
(1735–1782)

aus / from / de: Sonate F-Dur / Sonata F major / Sonate Fa majeur, op. 18/6,
2. Satz / 2nd movement / 2ème mouvement

*) Cadenza ad lib.

Da capo al ⊕ - ⊕

Moll und Dur

Minor and Major / Mineur et majeur

Daniel Gottlob Türk
(1750–1813)

Fine

Moll und Dur

Minor and Major / Mineur et majeur

Daniel Gottlob Türk
(1750–1813)

Fine

20

Medesimo tempo

D.C. al Fine

Medesimo tempo

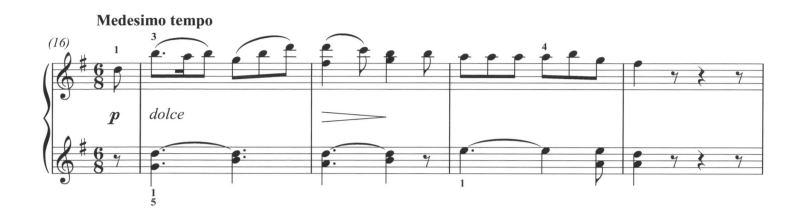

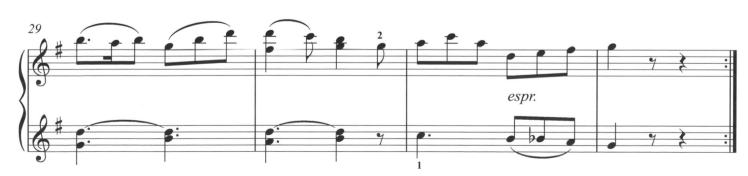

D.C. al Fine

Rondeau

Wolfgang Amadeus Mozart
(1756–1791)

Allegretto ♩ = 126

aus / from / de: Sonate C-Dur / Sonata C major / Sonate Ut majeur, KV 19d,
3. Satz / 3rd movement / 3ème mouvement

Rondeau

Wolfgang Amadeus Mozart
(1756–1791)

Allegretto ♩ = 126

aus / from / de: Sonate C-Dur / Sonata C major / Sonate Ut majeur, KV 19d,
3. Satz / 3rd movement / 3ème mouvement

Allegro

Allegro molto

Ludwig van Beethoven
(1770–1827)

aus / from / de: Sonate D-Dur / Sonata D major / Sonate Ré majeur, op. 6, 1. Satz / 1st movement / 1er mouvement

Allegro molto

Ludwig van Beethoven
(1770–1827)

aus / from / de: Sonate D-Dur / Sonata D major / Sonate Ré majeur, op. 6, 1. Satz / 1st movement / 1er mouvement

Sonatine d-Moll
Sonatina D minor / Sonatine Ré mineur
op. 163/6

Anton Diabelli
(1781–1858)

aus / from / de: Jugendfreuden / Pleasures of Youth / Les joies de la jeunesse, op. 163

Sonatine d-Moll
Sonatina D minor / Sonatine Ré mineur
op. 163/6

Anton Diabelli
(1781–1858)

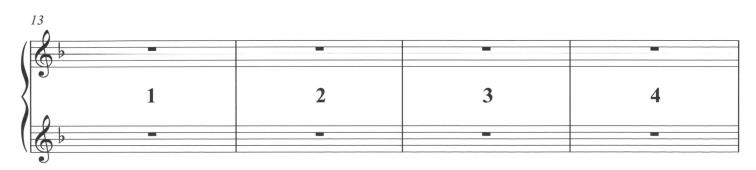

aus / from / de: Jugendfreuden / Pleasures of Youth / Les joies de la jeunesse, op. 163

46

Andantino

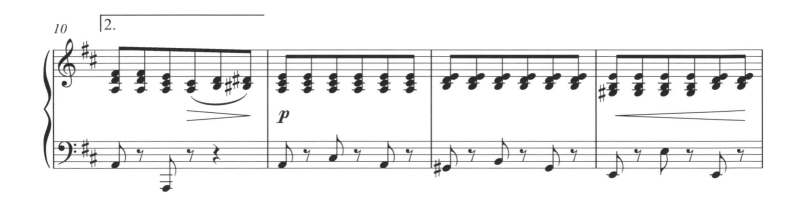

Andantino

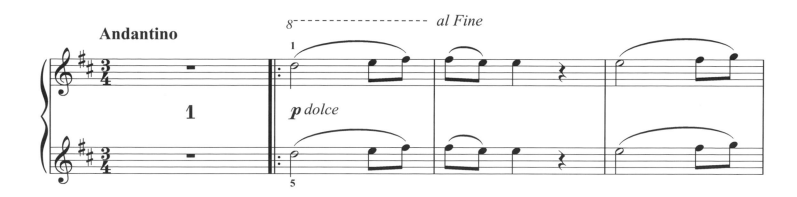

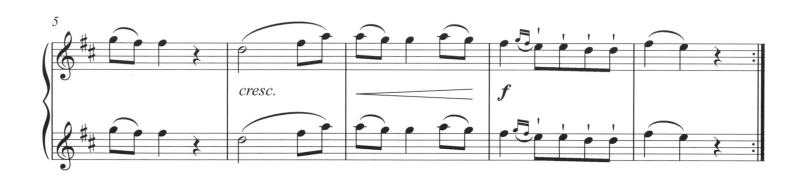

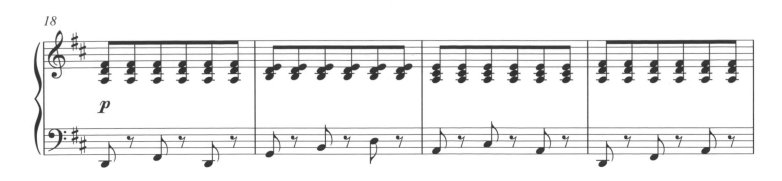

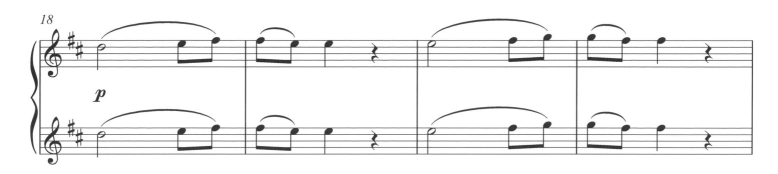

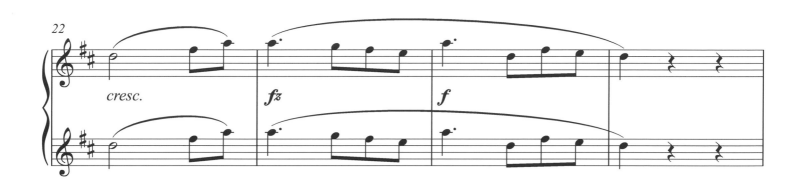

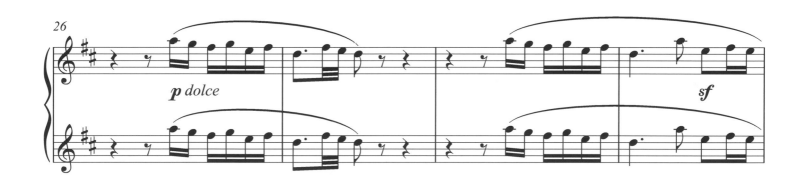

Rondo. Allegro

Fine

Rondo. Allegro

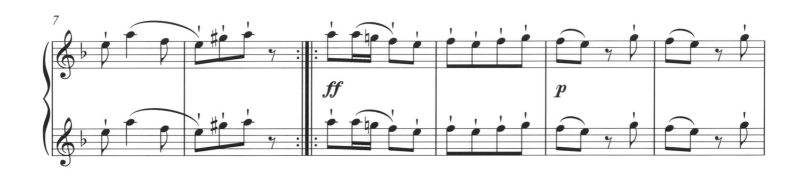

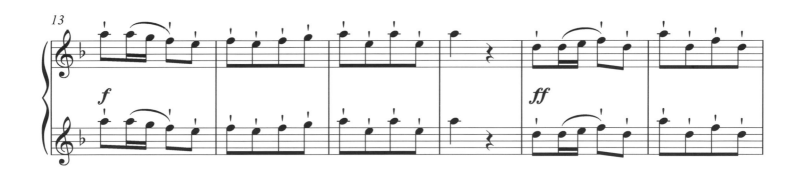

Fine

Rondo D.C. senza replica
al Fine e poi la Coda

Coda

Rondo D.C. senza replica
al Fine e poi la Coda

Coda

Sonatine C-Dur
Sonatina C major / Sonatine Ut majeur

op. 3/1

Carl Maria von Weber
(1786–1826)

Moderato e con amore ♩ = 116

Sonatine C-Dur
Sonatina C major / Sonatine Ut majeur

op. 3/1

Carl Maria von Weber
(1786–1826)

Moderato e con amore ♩ = 116

Militärmarsch
Military March / Marche militaire
op. 51/1

Franz Schubert
(1797–1828)

Allegro vivace ♩ = 104

Militärmarsch
Military March / Marche militaire
op. 51/1

Franz Schubert
(1797–1828)

Fine

Fine

Marsch D. C. al Fine

Trio

Marsch D. C. al Fine

Bilder aus dem Osten
Pictures from the East / Images d'Orient
op. 66/4

Robert Schumann
(1810–1856)

Nicht schnell ♪ = 104

Bilder aus dem Osten
Pictures from the East / Images d'Orient
op. 66/4

Robert Schumann
(1810–1856)

Idylle

Idyll / Idylle

op. 147/9

Cornelius Gurlitt
(1820–1901)

aus / from / de: Albumblätter / Album Leaves / Feuillets d'album, op. 147

Idylle

Idyll / Idylle

op. 147/9

Cornelius Gurlitt
(1820–1901)

aus / from / de: Albumblätter / Album Leaves / Feuillets d'album, op. 147

Kleines Stück F-Dur

Little Piece F major / Petite pièce Fa majeur

WAB 124/3

Anton Bruckner
(1824–1896)

Adagio e maestoso ♩ = 66

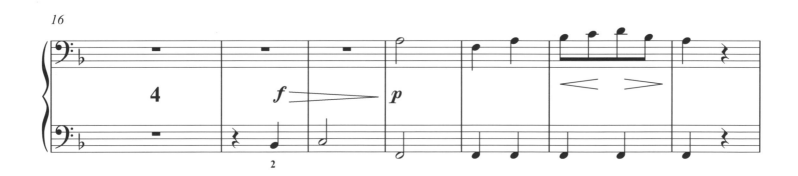

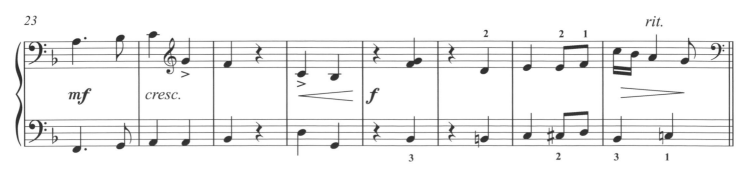

Kleines Stück F-Dur

Little Piece F major / Petite pièce Fa majeur

WAB 124/3

Anton Bruckner
(1824–1896)

Adagio e maestoso ♩ = 66

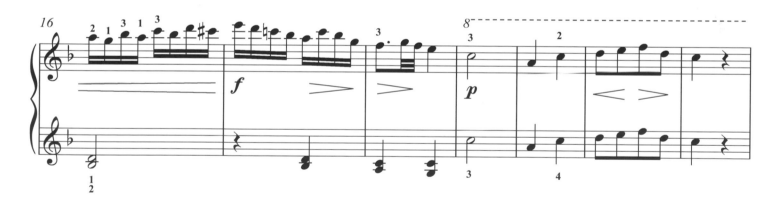

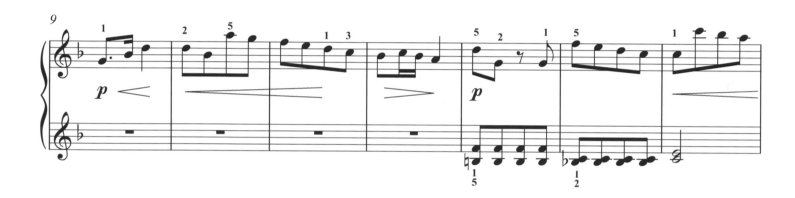

74

Walzer
Waltz / Valse
op. 39/15

Johannes Brahms
(1833–1897)

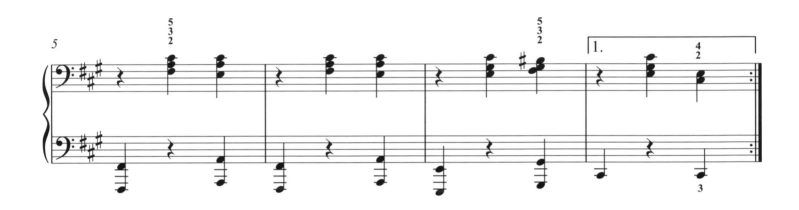

Walzer

Waltz / Valse

op. 39/15

Johannes Brahms
(1833–1897)

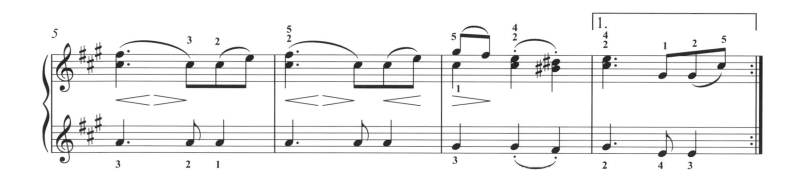

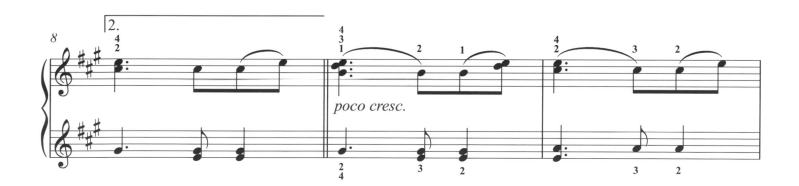

Ungarischer Tanz Nr. 5
Hungarian Dance No. 5 / Danse hongroise No. 5
WoO. 1/5

Johannes Brahms
(1833–1897)

Ungarischer Tanz Nr. 5
Hungarian Dance No. 5 / Danse hongroise No. 5

WoO. 1/5

Johannes Brahms
(1833–1897)

Schaukelpferd
Rocking Horse / Les chevaux de bois
op. 22/4

Georges Bizet
(1838–1875)

Allegro vivo ♩. = 144

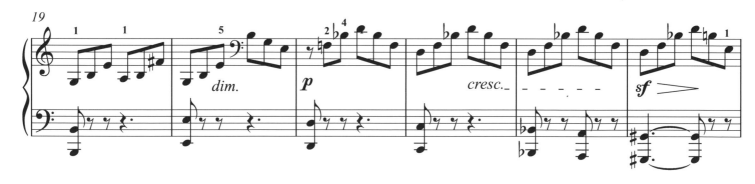

aus / from / de: Jeux d'enfants, op. 22

Schaukelpferd
Rocking Horse / Les chevaux de bois
op. 22/4

Georges Bizet
(1838–1875)

aus / from / de: Jeux d'enfants, op. 22

Russisches Volkslied Nr. 2
Russian Folk Song No. 2 / Chanson folklorique russe No. 2

Peter Iljitsch Tschaikowsky
(1840–1893)

Moderato ♩ = 112

Russisches Volkslied Nr. 3
Russian Folk Song No. 3 / Chanson folklorique russe No. 3

Peter Iljitsch Tschaikowsky

Andante ♩ = 72

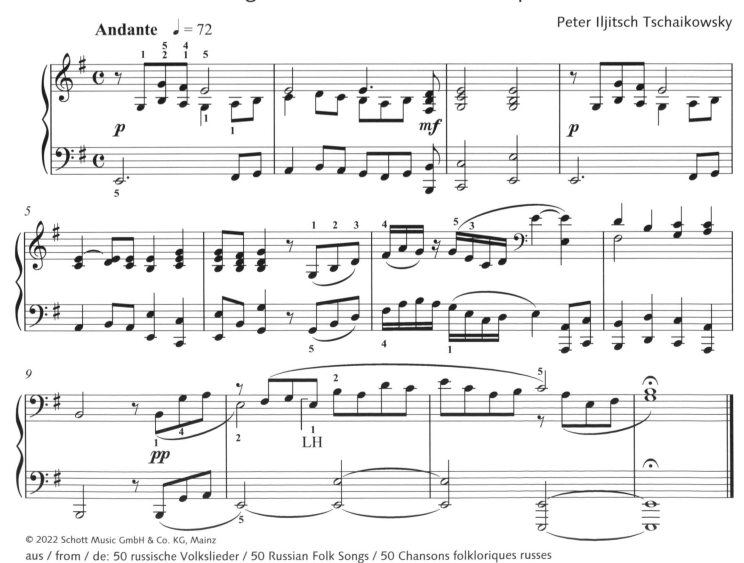

aus / from / de: 50 russische Volkslieder / 50 Russian Folk Songs / 50 Chansons folkloriques russes

Russisches Volkslied Nr. 2

Russian Folk Song No. 2 / Chanson folklorique russe No. 2

Peter Iljitsch Tschaikowsky
(1840–1893)

Russisches Volkslied Nr. 3

Russian Folk Song No. 3 / Chanson folklorique russe No. 3

Peter Iljitsch Tschaikowsky

aus / from / de: 50 russische Volkslieder / 50 Russian Folk Songs / 50 Chansons folkloriques russes

Berceuse
op. 56/1

Gabriel Fauré
(1845–1924)

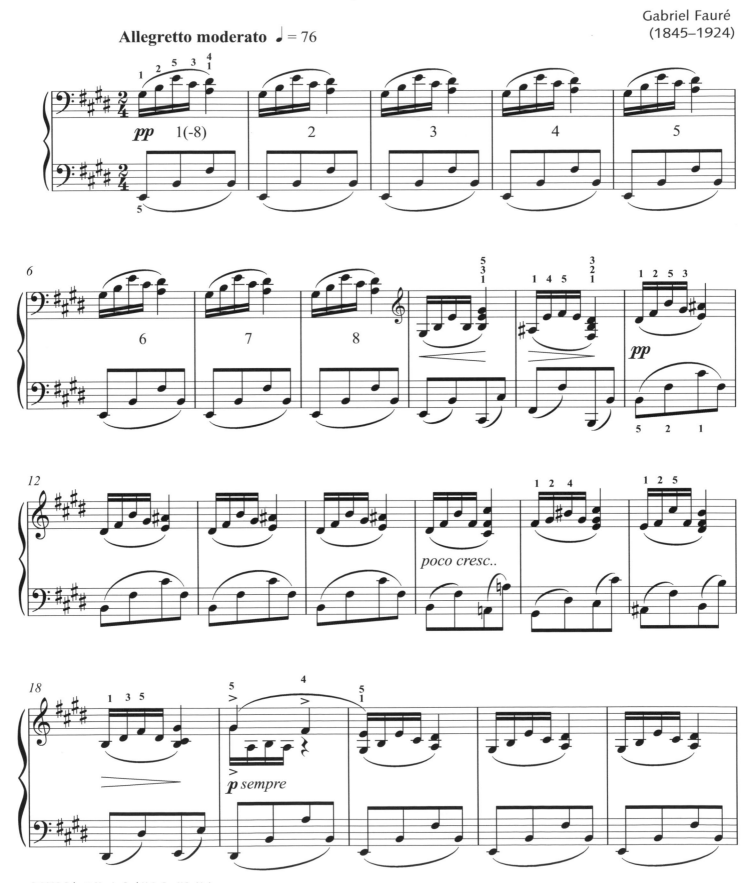

aus / from / de: Dolly, op. 56

Berceuse
op. 56/1

Gabriel Fauré
(1845–1924)

Allegretto moderato ♩ = 76

aus / from / de: Dolly, op. 56

In aller Frühe
Early Morning / Au grand matin
op. 115/1

Alexander Gretchaninoff
(1864–1956)

Allegretto moderato ♩ = 80

In aller Frühe
Early Morning / Au grand matin
op. 115/1

Alexander Gretchaninoff
(1864–1956)

En plus

Erik Satie
(1866–1925)

aus / from / de: 3 Stücke in Form einer Birne / 3 Pieces in Form of a Pear / 3 Morceaux en forme de poire

En plus

Erik Satie
(1866–1925)

aus / from / de: 3 Stücke in Form einer Birne / 3 Pieces in Form of a Pear / 3 Morceaux en forme de poire

Walzer cis-Moll

Waltz C♯ minor / Valse Ut dièse mineur

op. 22/4

Max Reger
(1873–1916)

aus / from / de: Sechs Walzer für Klavier zu vier Händen / Six Waltzes for Piano Duet / Six valses pour piano à quatre mains, op. 22

Walzer cis-Moll

Waltz C♯ minor / Valse Ut dièse mineur

op. 22/4

Max Reger
(1873–1916)

Moderato (quasi Andantino) ♩ = 108

aus / from / de: Sechs Walzer für Klavier zu vier Händen / Six Waltzes for Piano Duet / Six valses pour piano à quatre mains, op. 22

Più Allegro

Schott Music, Mainz 60 127

Schott Piano Classics

Klavier zweihändig
Piano solo
Piano à deux mains

Isaac Albéniz
Suite Espagnole, op. 47
ED 5068

España, op. 165
Deux danses espagnoles, op. 164
ED 9032

Johann Sebastian Bach
Berühmte Stücke
Famous Pieces · Pièces célèbres
ED 9001

Kleine Präludien
Little Preludes · Petits Préludes
ED 9003

Inventionen und Sinfonien,
BWV 772-801
Inventions and Sinfonias ·
Inventions et Sinfonies
ED 9002

Friedrich Burgmüller
25 leichte Etüden, op. 100
25 Easy Studies · 25 Etudes faciles
ED 173

12 brillante und melodische Etüden,
op. 105
12 Brilliant and Melodious Studies ·
12 Etudes brillantes et mélodiques
ED 174

18 Etüden, op. 109
18 Studies · 18 Etudes
ED 175

Frédéric Chopin
20 Ausgewählte Mazurken
20 Selected Mazurkas ·
20 Mazurkas choisies
ED 9022

Carl Czerny
6 leichte Sonatinen, op. 163
6 Easy Sonatinas · 6 Sonates faciles
ED 9035

160 achttaktige Übungen, op. 821
160 Eight-bar Exercises ·
160 Exercices à huit mesures
ED 8934

Claude Debussy
Berühmte Klavierstücke I
Famous Piano Pieces I · Pièces célèbres
pour piano I
ED 9034

Berühmte Klavierstücke II
Famous Piano Pieces II · Pièces célè-
bres pour piano II
ED 9037

Emotionen
Emotions
35 Originalwerke · 35 Original Pieces ·
35 Œuvres originales
ED 9045

Edvard Grieg
Lyrische Stücke, op. 12, 38, 43
Lyric Pieces · Morceaux lyriques
ED 9011

Peer Gynt
Suiten Nr. 1 und 2, op. 46 und 55
Suites No. 1 + 2
ED 9033

Joseph Haydn
10 leichte Sonaten
10 Easy Sonatas · 10 Sonates faciles
ED 9026

Impressionismus
Impressionism · Impressionisme
27 Klavierstücke rund um Debussy ·
27 Piano Pieces around Debussy ·
27 Morceaux pour piano autour
de Debussy
ED 9042

Scott Joplin
6 Ragtimes
Mit der „Ragtime-Schule" von · with
the 'School of Ragtime' by · avec la
'Méthode du Ragtime' de Scott Joplin
ED 9014

Fritz Kreisler
Alt-Wiener Tanzweisen
Old Viennese Dance Tunes ·
Vieux airs de danse viennois
Liebesfreud – Liebesleid – Schön
Rosmarin
ED 9025

8 leichte Sonatinen
von Clementi bis Beethoven
8 Easy Sonatinas from Clementi
to Beethoven · 8 Sonatines faciles
de Clementi à Beethoven
mit · with · avec CD
ED 9040

Franz Liszt
Albumblätter und kleine
Klavierstücke
Album Leaves and Short Piano Pieces ·
Feuilles d'album et courtes pièces pour
piano
ED 9054

Felix Mendelssohn Bartholdy
Lieder ohne Worte
Songs Without Words ·
Chansons sans paroles
Auswahl für den Klavierunterricht ·
Selection for piano lessons ·
Sélection pour le cours de piano
ED 9012

Leopold Mozart
Notenbuch für Nannerl
Notebook for Nannerl ·
Cahier de musique pour Nannerl
ED 9006

Wolfgang Amadeus Mozart
Der junge Mozart
The Young Mozart · Le jeune Mozart
ED 9008

Eine kleine Nachtmusik
Little Night Music ·
Petite musique de nuit
ED 1630

6 Wiener Sonatinen
6 Viennese Sonatinas ·
6 Sonatines viennoises
ED 9021

Musik aus früher Zeit
Music of Ancient Times ·
Musique du temps ancien
ED 9005

Modest Moussorgsky
Bilder einer Ausstellung
Pictures at an Exhibition ·
Tableaux d'une exposition
ED 525

Nacht und Träume
Night and Dreams · Nuit et songes
36 Originalwerke für Klavier ·
36 Original Piano Pieces · 36 Morceaux
originaux pour piano
ED 9048

Piano Classics
Beliebte Stücke von Bach bis Satie
Favourite Pieces from Bach to Satie ·
Pièces celebre de Bach à Satie
mit · with · avec CD
ED 9036

Piano facile
30 leichte Stücke von Bach
bis Gretchaninoff
30 Easy Pieces from Bach to
Gretchaninoff · 30 Pièces faciles
de Bach à Gretchaninov
mit · with · avec CD
ED 9041

Programmmusik
Programme Music ·
Musique à programme
40 Originalwerke · 40 Original Pieces ·
40 Morceaux originaux
ED 9043

Reisebilder
Travel Pictures · Tableaux de voyage
37 Originalstücke · 37 Original Pieces ·
37 Morceaux originaux
ED 9044

Erik Satie
Klavierwerke I
Piano Works I · Œuvres pour piano I
ED 9013

Klavierwerke II
Piano Works II · Œuvres pour piano II
ED 9016

Klavierwerke III
Piano Works III · Œuvres pour piano III
ED 9028

Domenico Scarlatti
Berühmte Klavierstücke
Famous Piano Pieces ·
Compositions célèbres pour piano
ED 9038

Robert Schumann
Album für die Jugend, op. 68
Album for the Young ·
Album pour la jeunesse
ED 9010

Bedrich Smetana
Die Moldau
Vltava · La Moldau
ED 4345

Spielsachen
44 leichte Originalwerke · 44 Easy
Original Pieces · 44 Morceaux
originaux faciles
ED 9055

Georg Philipp Telemann
12 kleine Fantasien
12 Little Fantasias · 12 Petites Fantaisies
ED 2330

Leichte Fugen mit kleinen Stücken,
TWV 30: 21-26
Easy Fugues with little Pieces ·
Fugues légères et petits jeux
ED 9015

Tempo! Tempo!
40 Originalwerke · 40 Original
Pieces · 40 Morceaux originaux
ED 9049

Peter Tschaikowsky
Die Jahreszeiten, op. 37bis
The Seasons · Les Saisons
ED 20094

Nussknacker Suite, op. 71a
Nutcracker Suite ·
Suite Casse-Noisette
ED 2394

Wasser
25 Originalkompositionen · 25
Original Pieces · 25 Morceaux
originaux
ED 22276

www.schott-music.com

Schott Piano Classics

Klavier zweihändig
Piano solo
Piano à deux mains

Isaac Albéniz
Suite Espagnole, op. 47
ED 5068

España, op. 165
Deux danses espagnoles, op. 164
ED 9032

Johann Sebastian Bach
Berühmte Stücke
Famous Pieces · Pièces célèbres
ED 9001

Kleine Präludien
Little Preludes · Petits Préludes
ED 9003

Inventionen und Sinfonien,
BWV 772-801
Inventions and Sinfonias ·
Inventions et Sinfonies
ED 9002

Friedrich Burgmüller
25 leichte Etüden, op. 100
25 Easy Studies · 25 Etudes faciles
ED 173

12 brillante und melodische Etüden,
op. 105
12 Brilliant and Melodious Studies ·
12 Etudes brillantes et mélodiques
ED 174

18 Etüden, op. 109
18 Studies · 18 Etudes
ED 175

Frédéric Chopin
20 Ausgewählte Mazurken
20 Selected Mazurkas ·
20 Mazurkas choisies
ED 9022

Carl Czerny
6 leichte Sonatinen, op. 163
6 Easy Sonatinas · 6 Sonates faciles
ED 9035

160 achttaktige Übungen, op. 821
160 Eight-bar Exercises ·
160 Exercices à huit mesures
ED 8934

Claude Debussy
Berühmte Klavierstücke I
Famous Piano Pieces I · Pièces célèbres
pour piano I
ED 9034

Berühmte Klavierstücke II
Famous Piano Pieces II · Pièces célè-
bres pour piano II
ED 9037

Emotionen
Emotions
35 Originalwerke · 35 Original Pieces ·
35 Œuvres originales
ED 9045

Edvard Grieg
Lyrische Stücke, op. 12, 38, 43
Lyric Pieces · Morceaux lyriques
ED 9011

Peer Gynt
Suiten Nr. 1 und 2, op. 46 und 55
Suites No. 1 + 2
ED 9033

Joseph Haydn
10 leichte Sonaten
10 Easy Sonatas · 10 Sonates faciles
ED 9026

Impressionismus
Impressionism · Impressionisme
27 Klavierstücke rund um Debussy ·
27 Piano Pieces around Debussy ·
27 Morceaux pour piano autour
de Debussy
ED 9042

Scott Joplin
6 Ragtimes
Mit der „Ragtime-Schule" von · with
the 'School of Ragtime' by · avec la
'Méthode du Ragtime' de Scott Joplin
ED 9014

Fritz Kreisler
Alt-Wiener Tanzweisen
Old Viennese Dance Tunes ·
Vieux airs de danse viennois
Liebesfreud – Liebesleid – Schön
Rosmarin
ED 9025

8 leichte Sonatinen
von Clementi bis Beethoven
8 Easy Sonatinas from Clementi
to Beethoven · 8 Sonatines faciles
de Clementi à Beethoven
mit · with · avec CD
ED 9040

Franz Liszt
Albumblätter und kleine
Klavierstücke
Album Leaves and Short Piano Pieces ·
Feuilles d'album et courtes pièces pour
piano
ED 9054

Felix Mendelssohn Bartholdy
Lieder ohne Worte
Songs Without Words ·
Chansons sans paroles
Auswahl für den Klavierunterricht ·
Selection for piano lessons ·
Sélection pour le cours de piano
ED 9012

Leopold Mozart
Notenbuch für Nannerl
Notebook for Nannerl ·
Cahier de musique pour Nannerl
ED 9006

Wolfgang Amadeus Mozart
Der junge Mozart
The Young Mozart · Le jeune Mozart
ED 9008

Eine kleine Nachtmusik
Little Night Music ·
Petite musique de nuit
ED 1630

6 Wiener Sonatinen
6 Viennese Sonatinas ·
6 Sonatines viennoises
ED 9021

Musik aus früher Zeit
Music of Ancient Times ·
Musique du temps ancien
ED 9005

Modest Moussorgsky
Bilder einer Ausstellung
Pictures at an Exhibition ·
Tableaux d'une exposition
ED 525

Nacht und Träume
Night and Dreams · Nuit et songes
36 Originalwerke für Klavier
36 Original Piano Pieces · 36 Morceaux
originaux pour piano
ED 9048

Piano Classics
Beliebte Stücke von Bach bis Satie
Favourite Pieces from Bach to Satie ·
Pièces celebre de Bach à Satie
mit · with · avec CD
ED 9036

Piano facile
30 leichte Stücke von Bach
bis Gretchaninoff
30 Easy Pieces from Bach to
Gretchaninoff · 30 Pièces faciles
de Bach à Gretchaninov
mit · with · avec CD
ED 9041

Programmmusik
Programme Music ·
Musique à programme
40 Originalwerke · 40 Original Pieces ·
40 Morceaux originaux
ED 9043

Reisebilder
Travel Pictures · Tableaux de voyage
37 Originalstücke · 37 Original Pieces ·
37 Morceaux originaux
ED 9044

Erik Satie
Klavierwerke I
Piano Works I · Œuvres pour piano I
ED 9013

Klavierwerke II
Piano Works II · Œuvres pour piano II
ED 9016

Klavierwerke III
Piano Works III · Œuvres pour piano III
ED 9028

Domenico Scarlatti
Berühmte Klavierstücke
Famous Piano Pieces ·
Compositions célèbres pour piano
ED 9038

Robert Schumann
Album für die Jugend, op. 68
Album for the Young ·
Album pour la jeunesse
ED 9010

Bedrich Smetana
Die Moldau
Vltava · La Moldau
ED 4345

Spielsachen
44 leichte Originalwerke · 44 Easy
Original Pieces · 44 Morceaux
originaux faciles
ED 9055

Georg Philipp Telemann
12 kleine Fantasien
12 Little Fantasias · 12 Petites Fantaisies
ED 2330

Leichte Fugen mit kleinen Stücken,
TWV 30: 21-26
Easy Fugues with little Pieces ·
Fugues légères et petits jeux
ED 9015

Tempo! Tempo!
40 Originalwerke · 40 Original
Pieces · 40 Morceaux originaux
ED 9049

Peter Tschaikowsky
Die Jahreszeiten, op. 37bis
The Seasons · Les Saisons
ED 20094

Nussknacker Suite, op. 71a
Nutcracker Suite ·
Suite Casse-Noisette
ED 2394

Wasser
25 Originalkompositionen · 25
Original Pieces · 25 Morceaux
originaux
ED 22276

www.schott-music.com